AF591718

L'ÉGLISE, L'ÉTAT

et les Générations nouvelles

Imprimatur :

† STANISLAS,
Évêque d'Orléans.

Permis d'imprimer :
E. THOMAS,
vic. gén. de Paris.

Cet ouvrage a été déposé, conformément aux lois, en décembre 1910.

Paul BARBIER

ÉTUDES CONTEMPORAINES. — 4

L'ÉGLISE, L'ÉTAT ET LES Générations Nouvelles

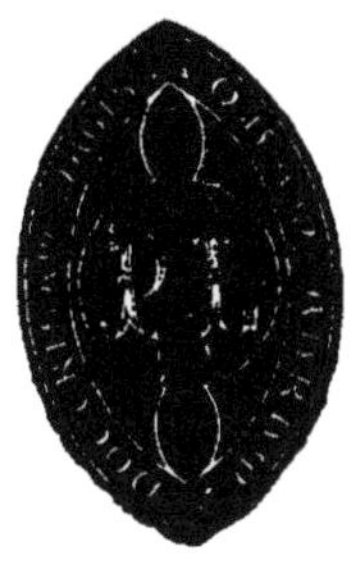

PARIS
P. LETHIELLEUX, LIBRAIRE-ÉDITEUR
10, RUE CASSETTE, 10

LE CONFLIT

Le Conflit

Lorsque la *Nouvelle Collection apologétique* commença de paraître, le quatrième volume avait pour titre : *La crise actuelle de l'Église de France ; les prêtres démocrates, le Sillon et les hypercritiques.*

Le but de cet ouvrage était de prouver que le schisme que plusieurs redoutaient alors, — c'était au moment de la *Séparation*, temps plein de trouble et de menaces, — constituait une impossibilité absolue, parce que les hommes que l'on croyait capables d'opérer le scission ni ne pouvaient ni ne voulaient l'accomplir. En établissant cette thèse, on voulait seulement rassurer les âmes inquiètes d'un avenir auquel, semblait-il, aucun déchirement ne devait manquer.

L'événement a donné raison à nos prévisions optimistes : il n'y a pas eu de schisme ; à part quelques individualités aujourd'hui négligeables, tous les catholiques français ont fait bloc autour de la hiérarchie, soumis à son autorité et respectueusement dociles à ses moindres directions. Ce qui se produisit fut donc exactement le contraire de ce que l'on attendait. Le spectacle de cette concentration fut très beau et marquera comme l'un des phénomènes religieux les plus consolants du XXe siècle à son début.

Cet opuscule, qui fit quelque bruit à son apparition, a perdu aujourd'hui toute son actualité. Nous ne le réimprimerons pas, et nous le remplaçons par un autre plus en rapport avec les préoccupations de l'heure présente : *L'Église, l'État et les générations nouvelles*.

Il s'agit, on le devine, de cette lutte acharnée qui va toujours s'avivant depuis Jules Ferry et dont l'enfance et la jeunesse française sont l'enjeu si chèrement disputé. L'État, en éducation, a ses principes et ses méthodes : ce sont les principes et les méthodes de la libre-pensée ; l'Église, elle, veut l'éducation chrétienne, tout simplement. Et voilà le conflit. L'État fait des lois pour appuyer et faire triompher ses idées qui sont celles des sectes ; l'Église maintient les siennes qui relèvent de sa morale qui est invariable et éternelle. L'État déclare que ses lois sont intangibles ; l'Église déclare que les siennes sont inviolables. Et voilà le conflit converti en collision irréductible. Cependant, les générations naissent, grandissent, entrent en pleine vie sociale : que deviennent-elles, ou que vont-elles devenir ?...

On ne prétend certes pas, dans ce petit livre, tout dire sur un si grave problème, et en particulier notre intention n'est pas de traiter la question scolaire au point de vue des lois que le Parlement étudie et prépare. Projets Doumergue, monopole, nos orateurs et nos publicistes ont dit clairement ce qu'il en faut penser. Les débats de la Chambre, au surplus, fourniront prochainement une matière et des textes qui seront l'occasion d'explications nouvelles.

Nos ennemis veulent achever la liberté d'enseignement déjà plus qu'à moitié morte : pas de doute là-dessus. Ils y réussiront : on peut le tenir pour presque aussi certain. Mais quels ont été jusqu'à ce jour les résultats de ces lois scolaires dont s'enorgueillit avec tant d'éclat la République? Que peut-on présumer raisonnablement d'un suprême effort tenté pour enlever à la religion le peu qu'il lui reste encore d'influence sur l'éducation de l'enfance ou de la jeunesse du pays?

Voilà l'unique point que nous souhaiterions examiner.

Inutile de montrer l'importance de la question ainsi posée. Elle est capitale, elle est vitale.

Disons tout : elle importe seule, car c'est elle qui jugera en dernier ressort les laïcisateurs forcenés de l'heure présente, leur politique et leurs progressives destructions, et de la solution que les événements vont lui donner, sortira la France de demain.

La France, hélas! n'est plus qu'un troupeau docile que conduisent où ils veulent les mauvais bergers. Les agneaux suivent, folle multitude qui ne soupçonne pas où on le mène. Poussez des cris, sonnez du cor, tintez à coups pressés les cloches du tocsin, jetez aux quatre vents l'alarme : que le troupeau s'arrête, si c'est encore possible et qu'il recule avant d'avoir atteint le bord de l'abîme!

L'abîme, c'est l'athéisme où notre peuple s'enfonce tout entier, et dans lequel il ne peut que mourir, avili et malheureux...

I

UN DES PLUS GRANDS MALHEURS DE NOTRE ÉPOQUE

Un des plus grands malheurs de notre époque

Un des plus grands malheurs de notre époque et l'une des plus terribles menaces qui existent pour l'avenir du pays est la déchristianisation et, conséquemment, la dépravation progressive de l'enfance et de la jeunesse. Tout le monde le remarque ; beaucoup s'en plaignent ; personne ou presque personne ne prend les moyens nécessaires pour arrêter cette déchéance, qui présage et prépare la déchéance de la patrie et de la race elle-même.

Seule, l'Église catholique, par la voix de ses évêques et par l'action de ses prêtres, ayant vu le péril, lutte pour le conjurer[1]. Les grandes batailles de l'époque où nous vivons se livrent sur ce terrain, nous savons tous avec quel acharnement.

C'est que, je le répète, le péril est imminent et terrible.

On ne le croirait pas, si l'on ne se fiait qu'aux apparences. Jamais, en effet, en aucun pays, en aucun temps, soit dans la famille, soit dans la société, l'enfance et la jeunesse n'ont été l'objet de soins plus nombreux et plus divers. A la maison, l'enfant, est choyé, gâté de toutes façons : on lui assure des conditions d'hygiène que nous n'avons pas connues, nous, les hommes

1. Il n'est personne qui ne se souvienne de la *Déclaration des Cardinaux, archevêques et évêques de France aux Pères de familles de leur Pays* (août 1908), et de la *Lettre* pastorale des Cardinaux, archevêques et évêques de France sur les Droits et les Devoirs des Perents relativement à l'École (14 septembre 1909). Depuis la publication de ces deux documents historiques, l'épiscopat n'a pas cessé de rappeler les enseignements qu'ils contiennent.

de quarante à cinquante ans ; on s'applique à développer son corps par la gymnastique et par les sports ; on alimente la curiosité de son esprit par des publications rédigées à son usage et pour lui seul. Dans les écoles, mêmes visées de formation physique et intellectuelle. On a inventé, pour l'instruire, des méthodes admirables de simplicité, de clarté : il peut tout apprendre, presque sans peine [1]. Il y retrouve l'exercice et les jeux. Rien, en un mot, n'est épargné par les familles ou par les maîtres, pour l'amuser et l'instruire, pour façonner son corps et son esprit, pour le préparer à la vie et en faire un homme.

Voilà au moins un quart de siècle qu'en

1. Ce sont les Frères des Écoles chrétiennes, aujourd'hui interdits et proscrits, qui ont inventé, inauguré et popularisé ces méthodes nouvelles par leurs *livres de classe*, de tous points admirables. Qu'on s'en souvienne ! Toujours la même histoire : les catholiques créent ou inventent ; les *autres* adoptent, exploitent et se glorifient...

France, nous sommes entrés dans cette voie. Si l'on ajoute que, depuis le même temps, l'État dépense des millions pour arracher à l'abandon physique et moral des milliers d'enfants et que la ville de Paris consacre, à elle seule, treize millions cinq cent mille francs, pour assister 55.000 enfants, on aura l'idée du prodigieux effort qui a été tenté chez nous en faveur de l'enfance et de la jeunesse française [1].

Mais, ici, une amère déception nous attend. Le résultat de tant de peines et de tant de dépenses, quel est-il ?

Prodigieux aussi, mais dans un sens tout à fait inattendu.

Alors que l'enfance et la jeunesse françaises devraient avoir tout pour elles : l'instruction, la vigueur corporelle, l'éducation et toutes les ver-

1. En 1907, la population des enfants assistés dépasse 130.000. V. l'*Enfant et la famille*, par Louis Delzons, *R. D. D. M.*, 1er sept. 1907.

tus que l'éducation développe, il semble qu'elles s'abêtissent, s'affaiblissent et s'ensauvagent de en plus, — nous en donnerons plus loin les preuves.

D'où vient donc que des initiatives, qui semblent au premier coup d'œil si sages et qu'à première vue on croirait devoir être si fécondes, engendrent de si déplorables résultats ?

De la cause indiquée plus haut, et d'elle uniquement : la Religion n'a plus, dans la formation des jeunes consciences, le rôle prédominant qui lui appartient, l'influence salutaire que rien au monde ne saurait remplacer.

La famille se désintéresse de la formation morale et religieuse des enfants ;

L'État concourt de toutes ses forces à détruire l'éducation ancienne, sans la remplacer par aucune autre ;

Enfants et jeunes gens manquent de plus en plus de principes et de conduite.

Voilà en quelques mots la réponse au problème. Tout, dès lors, s'explique aisément. Au point de vue moral et religieux, comme d'ailleurs au point de vue intellectuel, c'est, dans les jeunes âmes, le trouble, l'inquiétude, le désarroi et l'anarchie. L'existence humaine est un combat, et elles sont sans armes ; l'existence humaine est un voyage, et on les embarque pour la traversée de la vie sur un radeau mal construit d'axiomes sans liens ni solidité. Comment ne marcheraient-elles pas à la défaite ? Comment ne feraient-elles pas naufrage ?

II

COUPABLE INDIFFÉRENCE DES PÈRES ET DES MÈRES

Coupable indifférence des pères et des mères

Il faut vivre au milieu du peuple pour savoir à quel point les enfants et les jeunes gens sont abandonnés à eux-mêmes par ces pères et mères dont c'est pourtant l'intérêt capital qu'ils soient bien élevés. Non seulement les parents ne surveillent pas les leçons de l'école, — surveillance qui est un droit en même temps qu'un devoir, — mais si ce n'est que pour leur appliquer une « taloche », quand ces « moucherons » finissent par être trop agaçants, ils n'interviennent presque jamais pour les reprendre et les redresser. Devenus adolescents, garçons et filles semblent jouir d'une immunité plus grande encore : ils ont liberté de tout dire et licence de tout faire. Le sceptre paternel n'est plus même un roseau, et les morceaux du joug filial jonchent la terre.

Cette incompréhensible indifférence, cet abandon contre nature est un mal bien moderne. Il vient d'abord de la *transformation*, ou plutôt de la *déformation* du mariage.

Jadis l'union de l'homme et de la femme revêtait un caractère indissoluble et sacré ; la demeure familiale était un temple ; la paternité et la maternité, un sacerdoce. Aujourd'hui le mariage tend à n'être plus qu'une rencontre de hasard, et voici que, grâce au divorce, nous nous rapprochons de l'union libre des peuples barbares ; le foyer domestique profané n'est souvent qu'un mauvais lieu, où la débauche et l'impiété ont remplacé les antiques oraisons ; et le sacerdoce de la paternité et de la maternité u'est plus qu'un fardeau qu'on évite quand on ne l'a pas, et qu'on rejette quand on l'a.

On devine assez ce que peuvent devenir des enfants nés dans ces foyers sans union et sans honneur. S'il est vrai que la plante humaine a besoin, comme toutes les plantes, d'appuis et de tuteurs, comment garderait-elle ses *droitures* là où on la laisse pousser à l'abandon, exposée aux pires influences et secouée au souffle de tous les orages domestiques ?

Ce qui est plus triste encore peut-être, c'est que, même dans les ménages unis et réguliers, ce délaissement moral de l'enfance est presque aussi fréquent et presque aussi absolu. Les parents d'aujourd'hui semblent avoir perdu toute idée d'éducation et jusqu'au sentiment, qui cependant est d'instinct, de leur devoir d'éleveurs et de redresseurs d'âmes. Garçons et fillettes font ce qu'ils veulent, vont où ils veulent, deviennent ce qu'ils peuvent. A la maison personne ne s'en soucie. Que de fois j'ai constaté personnellement cette lâche et folle indifférence alors que j'étais le pasteur d'une des plus jolies cités des bords de la Loire ! Entre les heures d'école, les jeudis, les dimanches, pendant les vacances, mes plus jeunes paroissiens étaient complètement livrés à eux-mêmes. Beaucoup passaient des journées entières au bord du fleuve, couraient par les prairies et dans les oseraies des îles, jouaient sur les cailloux et sur les sables des grèves, s'abattaient par bandes dans les vignes, comme des moineaux pillards, au temps des vendanges. « — Une vie très saine, cette vie au grand air ! » — Tant que l'on voudra. Mais cette vie si saine développait l'indépendance à l'excès, détruisait les scrupules et l'honnêteté, et faisait de cette liberté poussée jusqu'à la licence la plus efficace des écoles mutuelles du vice.

Qui ne sait que ce que j'ai vu se voit encore, hélas ! et presque partout ! Les enfants des hommes ne sont même plus élevés à la manière animale : les animaux, en effet, n'abandonnent leurs petits que lorsque ces petits sont formés, vigoureux et armés pour la lutte. Nos contemporains confient les leurs au hasard et ne s'occupent pas de ce que le hasard pourra bien faire de ces faiblesses !

Que diraient nos sévères aïeux, s'ils étaient témoins de ces coupables délaissements ?

Il y avait une grandeur réelle dans les soins attentifs et constants dont un père et une mère entouraient leurs enfants aux époques chrétiennes. Cette grandeur venait de la haute idée qu'ils se faisaient de leur mission : à leurs yeux, il ne s'agissait pas seulement de susciter et de nourrir des vies ; il s'agissait surtout de procréer des âmes et de les préparer à leur double destinée terrestre et céleste. Un enfant devait être un chrétien et un citoyen sur la terre, et un élu dans l'éternité. Rien de plus précieux ne pouvait être confié par le Tout-Puissant à des créatures capables de se reproduire. Aussi avaient-ils cette conviction profonde que l'éducation de leur jeune famille était, devant la société ou devant Dieu, la première et la plus importante de leurs charges. De cette grande idée de la valeur de l'enfant, de cette autre grande idée : leur responsabilité morale, résultaient des qualités, des vertus même qu'on ne rencontre plus guère : le respect, la sévérité et la tendresse, le tout pénétré et animé d'un sincère esprit de religion.

Au souffle de l'Irréligion contemporaine, cette simple et noble manière d'élever les enfants s'est trouvée abolie.

Ce respect sacré de l'enfance, que l'antiquité païenne elle-même a connu, s'est perdu ou se perd peu à peu dans les familles françaises. Pères et mères, surtout dans le peuple, se permettent des paroles et des actes, des réflexions et des gestes en sa présence, qui déflorent la pureté du jeune âge et le salissent quelquefois pour jamais. Là où l'on est plus réservé, dans ces familles bourgeoises, où l'on garde une certaine tenue, on laisse les enfants aux soins des domestiques ou des bonnes, et Dieu sait quelles leçons de vices peuvent recevoir ces pauvres petits de créatures élevées à la mode nouvelle, parmi la phèbe déchristianisée, dans des écoles de ville ou de village où instituteurs et institutrices rivalisent de zèle pour inculquer à la marmaille les beaux principes de la morale indépendante ! A défaut de ces leçons directes, il en est d'autres qui ne frappent pas moins les imaginations enfantines, leçons de choses, comme l'on dit aujourd'hui, qui parlent surtout aux yeux. Qui les donnent ? C'est le mauvais journal qu'on laisse imprudemment traîner sur les tables ; c'est la gravure et le tableau pendus aux murs ; c'est le bronze sur la cheminée ou sur la console. L'enfant paraît ne pas voir, et voit tout de même ; son esprit, extraordinairement curieux, s'interroge, travaille, devine, — et voilà une petite âme jetée dans des troubles précoces, inclinée, par ce qu'elle a appris seule et dans le silence, vers des passions qui ne la quitteront pas de sa vie !

Ce n'est pas tout.

De même que les parents manquent envers leurs enfants du respect obligatoire, ils manquent aussi de cette sévérité qui redresse la nature comme le respect la sauvegarde. Certes, les parents se mettent encore en colère ; il n'est même pas rare qu'ils fessent ou qu'ils giflent les petits récalcitrants ; mais ils n'ont plus cette sévérité soutenue, qui sait proportionner la punition à la faute et qui fait mieux pénétrer les bons principes dans les jeunes âmes que les violences brutales, trop souvent accompagnées de blasphèmes ou de grossières injures. En général, ils sont faibles : par faiblesse, ils négligent de reprendre les jeunes coupables ; par faiblesse, ils les soutiennent malgré tout et contre tous, comme si leur progéniture était impeccable, infaillible et intangible !

La faute en est à une sensibilité trop exquise, dira-t-on. Il en est, en effet, qui voudraient volontiers que les pères et les mères modernes éprouvent pour leurs enfants une tendresse que ceux d'autrefois n'ont pas connue. C'est une erreur. L'instinct animal subsiste ; la vraie tendresse le plus souvent est absente. De fait, l'enfant d'aujourd'hui n'entend plus guère au foyer ces douces voix qui vont au cœur parce qu'elles viennent du cœur, voix graves quand il le faut, mais toujours émouvantes, voix qui nous reprennent de nos premières fautes, qui nous consolent de nos premiers chagrins, qui nous blâment et qui nous louent tour à tour, toujours désintéressées, et dont l'accent vibre encore en nous quand nous avons vieilli.

Enfin les parents ne font plus appel à la religion, cette vieille et vénérable maîtresse de toutes les vertus, qui, à elle seule, pourrait suppléer à l'insuffisance de leurs facultés éducatrices. Leur Irréligion, non seulement n'en perçoit plus l'utilité générale et sociale, mais elle ne comprend même plus de quel secours elle leur serait dans cette œuvre difficile de l'éducation qui est leur mission principale ici-bas. La mère, qui jusqu'à ces derniers temps était restée croyante, peu à peu perd ses pratiques et jusqu'à sa foi elle-même. La Franc-maçonnerie qui, depuis de longues années, travaille à opposer « à la femme nourrie d'idées fausses et de superstitions ridicules », une femme éclairée par ses doctrines et éloignée à jamais de l'Église, la Franc-maçonnenerie se rapproche chaque jour un peu plus de ce but sacrilège, dont la réalisation finale sera la définitive destruction de la famille. Déjà beaucoup de jeunes mères, ne sachant pas prier, n'apprennent plus à prier aux petits êtres qu'elles ont mis au monde. On ne voit plus ces tableaux charmants qui donnaient au foyer un air de sanctuaire : les beaux yeux purs levés au ciel, les gentilles mains jointes, les lèvres roses murmurant les saintes formules, et à côté, à genoux elle-même ou assise, la mère dirigeant la jeune âme dans ses premiers volètements vers l'infini, les yeux mis-clos, recueillie et grave. La nichée des enfants se lève et se couche, tels des chiots qui sortent du chenil, ou qui y rentrent !

L'instruction religieuse a le même sort que la prière : les parents n'y attachent aucune importance, ou ne s'y intéressent que par vanité, heureux seulement que le petit garçon ou la petite fille ait la première place au catéchisme ! Alors qu'il n'y a pas encore bien longtemps la mère et le père lui-même prenaient leur plus grosse voix pour gronder le gamin ou la gamine qui avait manqué la séance d'instruction religieuse ou n'y avait pas su sa leçon, aujourd'hui ils n'ont pour les jeunes coupables que des réprimandes molles, reproches sans conviction, remontrances sans énergie. Heureux encore quand leur ineptie imprudente ne les encourage pas à la paresse et à la désertion de cet enseignement sacré qui a civilisé le genre humain !

Tout cela montre trop clairement combien est profond l'abandon moral où la famille contemporaine laisse les générations neuves qui arrivent à la vie. Ceux qui ont reçu de la nature et de Dieu la haute mission d'élever les enfants qu'ils ont engendrés, oublient qu'ils sont leurs premiers et naturels éducateurs, ils ne se souviennent plus qu'ils ont changé d'âmes ; ils ne comprennent plus le devoir qui leur incombe de former honnêtement et chrétiennement leur intelligence et leur cœur ; leur négligence va jusqu'à l'inertie morale la plus complète.

Sur qui donc comptent-ils pour l'accomplissement de cette œuvre d'éducation et de moralisation ?

Sur l'État.

L'État, dans ces derniers temps, s'est substitué à la famille. Voyons comment il rempli sa tâche.

III

L'ÉTAT SE SUBSTITUE A LA FAMILLE

L'État se substitue à la famille

Pour le malheur de l'enfance et de la jeunesse, l'État vient ajouter, à cet abandon coupable de la famille, ses principes absurdes et son action malfaisante.

Tout le monde sait quelle souveraine importance il attache aux « Conquêtes laïques » qui regardent l'école. Depuis qu'il est devenu athée, serviteur des sectes et sectaire lui-même, il n'a poursuivi qu'un but : la défaite de la religion nationale, qui est la catholique, par le triomphe de la Libre-pensée. Or quel est le plus sûr moyen d'anéantir la religion catholique en France ? Assurément, c'est de mettre la main sur la jeunesse et, comme l'on dit aujourd'hui, de la *décatholiciser*. Que la Libre-pensée soit à même de pénétrer la jeunesse de ses folles doctrines, au bout de vingt-cinq à trente ans, la moitié du pays est libre-penseuse, et vingt-cinq ou trente ans plus tard il ne reste plus pour se soumettre aux dogmes religieux qu'un petit nombre d'esprits vigoureux et indépendants et une minorité de vieillards sans grande influence et prêts à disparaître. Vingt ans à peine se seront écoulés après cette mainmise, et l'ancienne religion ne sera plus qu'un souvenir déjà lointain, un fait historique consigné dans quelques livres, phénomène disparu dont les savants seuls parleront, comme ils parlent des religions de la Phénicie ou de l'Égypte, de la Grèce polythéiste ou de la Rome païenne ! L'État s'est donc ressouvenu de la parole tant de fois répétée : *Qui a la jeunesse a l'avenir ;* pour avoir l'avenir il a entrepris d'*athéiser* la jeunesse et, pour atteindre son but, il n'a pas trouvé de moyen meilleur ni plus sûr que l'école.

Sa décision une fois prise, il s'est mis à légiférer sans interruption, se gardant bien de perdre de vue le but qu'il s'était promis d'atteindre.

Nous avons vu sortir des deux officines où se fabriquent nos lois la série presque infinie et chaque jour allongée des *lois scolaires*, dispositions déclarées intangibles par des sectaires ridicules, mais qui ne rient pas !

Les premières votées parmi ces lois, — la neutralité et la gratuité, — ont eu sur l'éducation un double contre-coup funeste.

Inspiré par la Franc-maçonnerie, l'État a proclamé le dogme de la neutralité en matière d'éducation. Défense aux instituteurs d'apprendre aux enfants le catéchisme ; défense de leur lire l'Évangile ; défense de leur parler de Dieu, de Jésus-Christ, de l'Église. Le vieil idéal chrétien fut banni de l'école. Cependant, il fallait un idéal à l'enfance et à la jeunesse, car sans idéal il n'y a pas d'éducation. Alors les pédagogues à la solde de la République anticléricale, rivalisant de zèle, ont cherché en dehors de la religion d'autres mobiles des actions humaines. Pendant plus d'un demi-siècle, ils ont travaillé sans relâche, proposant tour à tour, comme idéal meilleur, l'*Humanité*, la *Patrie*, l'*Honneur*, la *Science*. C'était à cela que les hommes devaient désormais se soumettre, cela qu'ils devaient adorer, pour cela qu'ils devaient vivre et se sacrifier ! Mais rien de tout cela n'oblige l'homme à se donner et à mourir, si une raison supérieure n'intervient et commande, Pourquoi se dévouer à l'*Humanité*, à la *Patrie*, à l'*Honneur*, à la *Science* ? Qui ou quoi vous y force ? Aucun de ces mots, sacrés pourtant lorsque l'on croit en Dieu, ne peut fournir un fondement à a vie morale. Sans Dieu, pas de vertu obligatoire. Il n'y a plus ni bien ni mal, puisque, l'unique législateur autorisé n'étant plus reconnu, il n'y a plus de loi. Rien n'est défendu ; tout est permis. Admirable principe d'éducation, avouez-le !

Dans la réalité, la neutralité, en chassant Dieu de l'école, a enlevé aux maîtres toute possibilité d'élever un tant soit peu l'âme des enfants. En fait de principes de morale, ils n'en connaissent plus, et par conséquent sont fort empêchés de les enseigner. Quant aux enfants, l'absence de ces mêmes principes les rend incertains sur le bien et le mal, et leur ravit toute raison de réaliser l'un et d'éviter l'autre. Ajoutez à cela que l'État a laissé peu à peu l'école neutre se changer en une école hostile aux croyances, et vous verrez qu'il est en grande partie responsable du désarroi des jeunes consciences.

La *gratuité* de l'école a produit des effets semblables. Outre qu'une pareille loi est loin de rehausser l'importance de l'enseignement, elle apprend aux parents à se désintéresser de leurs enfants.

Voyez ce qui se passe. A deux ans l'enfant est reçu à l'école maternelle, où il est occupé, nettoyé et nourri : il y vit toutes ses journées, ou à peu près, jusqu'à six ans. A six ans, il entre à l'école primaire. Là, tout lui est fourni pour rien : plume, encre, papier, livres classiques. Midi sonne. Va-t-il au moins s'en aller chez lui respirer l'air de la maison, manger la cuisine de sa mère ? Pas nécessairement : la cantine scolaire peut remplacer la table familiale. A quatre heures il goûte, mais à cinq il rentre dans la classe jusqu'à six, quelquefois jusqu'à huit. Voilà la journée finie ; il n'a été chez ses parents et avec eux que quelques instants le matin, et maintenant, le moment est venu de dormir ! Le jeudi pourrait remédier peut-être à cette séparation constante des autres jours. Non, les Patronages ou les garderies le recueillent. Pendant les vacances, les *colonies* établies depuis quelques années l'emmènent au loin dans un air aussi salubre qu'on voudra, mais aussi peu familial que possible. — « O Progrès ! ô République ! Tout pour rien ! » — Oui, mais qu'arrive-t-il ? C'est que les parents ne s'occupent plus de rien, c'est qu'ils négligent de plus en plus leur tâche éducative, qu'ils semblent oublier même qu'ils ont des enfants ! Dès lors, aucune influence assez puissante ne contrebalance l'influence du maître d'école soumis aux doctrines négatives de l'État. Conséquence : les jeunes générations sont dépourvues de toute éducation religieuse, puisque cette éducation est proscrite ; et non seulement elles sont dépourvues de toute éducation religieuse, mais encore, puisqu'il n'est plus pour eux de source où le puiser, de toute éducation morale simplement naturelle[1].

Il est certain aussi que l'État a laissé s'affaiblir par trop l'antique autorité paternelle. Où est le temps où les fils et les filles étaient maintenus toute leur vie sous l'empire du chef de famille ? où ce chef, maître de sa race comme un roi de son peuple, avait le devoir de punir et de déshériter l'enfant indigne ? Qu'est devenue cette magistrature auguste et souveraine ? Depuis que Rousseau a proclamé « les droits » de l'enfant[2],

1. Nous ne voulons noter ici que les tendances de l'État : comme tout le monde, nous connaissons les efforts admirables qui sont tentés par le clergé et par des chrétiennes de dévouement pour créer aux enfants du peuple un milieu meilleur et plus favorable à leurs âmes. Malgré tout, ces belles œuvres ne sont que des pis-aller, car rien au monde ne peut remplacer la famille.

2. Dans l'*Emile*, en 1762.

l'État enlève au père, morceau par morceau, la puissance dont la nature, la coutume et les lois l'avaient investi. Le 9 août 1793, Cambacérès s'écrie devant la Convention : « La voix de la raison s'est fait entendre : il n'y a plus de puissance paternelle [1]. » Toutes les lois du XIXe siècle ont été inspirées de cette idée ; toutes, elles limitent l'autorité du père au profit de l'enfant. Et voici que notre temps marche vers la consommation de cette grande ruine. Le divorce, qui entre de plus en plus dans les mœurs d'un peuple renégat de sa foi, porte un coup suprême à la puissance paternelle, en la rendant instable et méprisable [2].

---

1. Dans son Rapport sur son propre projet du Code civil. Cambacérés disait encore dans son second projet, lu le 9 septembre 1794 : « Qu'on ne parle plus de puissance paternelle... Loin de nous ces termes de plein pouvoir, d'autorité absolue, formule de tyran, système ambitieux que la nature indignée repousse... Le pouvoir des pères sur leurs enfants ne sera parmi nous que *le devoir de la protection.* »

2. Louis Delzons, *loc. cit.*

Il est évident, et j'en conviens, que l'enfance et la jeunesse ne pensent pas à tout cela, mais tout cela est dans l'air : elles le respirent, elles le sentent, elles s'en pénètrent.

Qu'arrive-t-il encore ? C'est que l'enfant est de plus en plus soustrait à l'influence de la famille qui existe pour lui de moins en moins ; c'est qu'il devient de plus en plus un déraciné, sans attache au foyer, sans traditions, sans aucune de ces vertus que jadis on voulait avoir reçues avec le sang ; c'est qu'il ignore jusqu'à cette solidarité familiale qui fut longtemps la sauvegarde des faibles [1] ; c'est qu'il tombe toujours plus sous la coupe de l'État irréligieux, ce déformateur des âmes et des vies.

1. En bien des familles, on remarquera que tous les liens qui en devraient unir les membres sont rompus : les enfants semblent ne plus connaître leurs parents et ne se connaissent plus entre eux.

Il suffit d'ouvrir les yeux pour voir et constater le fait.

N'importe : c'est la caractéristique de l'État franc-maçon de ne redouter aucune folie. Périssent les générations futures, et, avec elles et par elles, la France elle-même, pourvu que les âmes soient arrachées à l'Église !

Lancé dans cette voie par Jean Macé, l'organisateur de la victoire laïque au point de vue scolaire, mû encore par l'idée de cet homme en qui la secte a reconnu et salué son propre génie, il continue à l'heure où nous sommes l'entreprise impie de la déchristianisation de l'enfance et de la jeunesse françaises.

Les meilleurs écrivains parmi ceux qui suivent de près le mouvement social contemporain en ont accumulé les preuves anciennes, et chaque fait nous en apporte de nouvelles : ouvertement ou hypocritement, c'est toujours le même but que l'on poursuit.

Le ministre de l'Instruction publique, Leygues, affirme, en juin 1906, que la neutralité de l'école doit être « absolue au point de vue confessionnel » ; mais il a soin d'ajouter : « Si l'école était neutre au point de ne plus oser parler au nom de la République, de la raison et de la liberté, sa neutralité ne serait qu'une abdication ; elle ne serait plus alors qu'une maison sans âme et un foyer sans lumière. Si l'instituteur n'était pas l'homme du XXe siècle, le défenseur de la société civile et laïque et le pionnier de la démocratie, il ne serait plus qu'un automate, un maître indigne de la grande et noble mission qui lui est confiée. » Traduisez : « Vous devez respecter la neutralité, à la condition que vous partagiez toujours et en tout l'opinion du gouvernement anticlérical, et que vous sachiez le faire comprendre à vos élèves[1] !

1. Sur la neutralité, voir aux *notes*. — Reçue dernièrement par un de mes amis qui me la communique,

Croyez que ces principes, imposés par l'État à l'armée de ses instituteurs et de ses institutrices, sont scrupuleusement suivis. Ces messieurs et

---

une lettre curieuse, inédite et dont je puis garantir l'authenticité, renseignera le lecteur sur ce qu'est la neutralité pour le gouvernement.

Un instituteur breveté, qui a enseigné dans une école libre, veut, pour des raisons honorables, entrer dans l'instruction publique officielle. Voici la lettre en question ; elle contient le récit de ses démarches et et de son échec :

« ... Je n'ai pu entrer dans l'enseignement public et ne le regrette pas, car aujourd'hui, ce n'est plus un brevet de capacité, mais un brevet d'anticléricalisme qu'il faut produire pour être agréé.

« L'Inspecteur d'Académie était tout disposé à m'accepter, mais il n'a pas osé prendre de décision sans avoir pris l'avis du Préfet, qui m'a *demandé* « si c'est parce que je *subissais une crise religieuse* que je voulais quitter l'enseignement libre pour l'enseignement public ; — *si j'étais pratiquant* » ; et sur mes réponses négative à la première question, et affirmative à la seconde, il m'a déclaré que je n'avais pas — (Dieu merci !) — *la mentalité qui doit être celle des Instituteurs laïques d'aujourd'hui.* »

Tout commentaire est superflu.

ces dames savent quelle espèce de services on attend d'eux et se gardent bien de contrevenir à la consigne. Neutres, ils ne le sont pas et ne peuvent l'être, car il n'y a pas de neutralité possible dès qu'il s'agit de ces questions religieuses qui de tout temps ont passionné les hommes : on est pour, ou l'on est contre. La plupart se prononcent contre, et combattent délibérément devant leurs jeunes élèves les vérités catholiques. Ils les combattent comme ils peuvent les combattre, c'est-à-dire à la manière des esprits médiocres et primaires, dont une formation hâtive et une instruction de pacotille n'ont pu faire que des demi-savants prétentieux, trop pauvres intellectuellement pour avoir des idées personnelles et condamnés à répéter les objections inventées par d'autres. Ils ressassent, devant leur jeune auditoire, les vieilles railleries voltairiennes dont leur inhabileté verbale émousse la douteuse finesse, ou les balourdises d'un journaliste prétendûment informé, tel que Clémenceau. Ils possèdent, du reste, des livres et des revues spécialement rédigés à leur usage, où la libre-pensée, qui aime à leur mâcher la besogne, leur sert avec largesse les contre-vérités qu'ils doivent, à leur tour, servir aux enfants du peuple.

A la parole il n'est pas rare qu'ils ajoutent l'action, qui est toujours un moyen plus efficace de propagande. On cite des faits odieux, d'un fanatisme si grossier qu'on se refuserait à les croire s'ils n'étaient avérés. A l'école communale d'Yvetot, en 1906, un enfant, qui doit faire sa première Communion, laisse dans son pupitre la feuille de papier sur laquelle il a écrit sa confession générale : l'instituteur saisit la feuille et lit les péchés du pauvre enfant devant toute la classe[1]. Une petite fille entre dans la

1. V. l'*Univers*, 6 juin 1906.

classe où on vient de l'admettre. Avant de s'asseoir à son pupitre, elle s'agenouille sur son banc et fait le signe de la croix : « Assez, Mademoiselle, lui crie la maitresse ; ici on ne fait pas de ces saletés-là ! » et elle bouscule la fillette interdite...

Cette déchristianisation de l'enfance par les pédagogues au service de l'État se poursuit après l'école par une masse de petites institutions post-scolaires : cours d'adultes, conférences, patronages, associations d'anciens et d'anciennes, mutualités scolaires, caisses des écoles, cantines scolaires, petites familles, bibliothèques, apprentissages et placements, jeux et promenades scolaires, éducation domestique ou ménagère, — habiles plagiats des œuvres de sauvegarde inventées par l'Église[1].

---

1. V. les rapports de M. Ed. Petit. — Max Turmann, *Au sortir de l'École*. — Ch. Bota, *Le mouvement laïque*, R. pratique d'Apol., 1er oct. 1905.

La Franc-Maçonnerie, au convent de 1898, avait émis ce vœu : Faire « une vaste fédération dont les bienfaits rayonneront par toute la France, en formant une robuste chaîne d'union qui étouffera entre ses anneaux serrés la gent cléricale tout entière, à laquelle sera enfin retiré son rôle d'éducation mensongère. » Ce vœu est en partie réalisé : si la gent cléricale tout entière n'est pas encore étouffée, la robuste chaîne d'union est formée et enlace tout le pays. Agissant par ordre, sous la pression des chefs, avec l'appoint de ligues très puissantes, sous l'œil d'un pouvoir qui tient en main leur sort, avec l'argent de l'État et des Communes, instituteurs et institutrices ont créé des milliers de foyers d'irréligion qu'ils entretiennent avec ardeur, sûrs qu'ils sont, s'ils y réussissent, « d'être bien notés, d'arriver aux bonnes places, d'obtenir des prolongations de vacances, des primes, des médailles, des lettres de félicitations, toutes récompenses distribuées chaque année pour services rendus aux œuvres complémentaires de l'école[1]. »

Le résultat de cette action de l'État sur la jeunesse française, nous l'avons sous les yeux.

Aujourd'hui, la masse des jeunes gens du peuple, comme les hommes de vingt-cinq à quarante-cinq ans qui furent élevés comme eux, méprisent la religion. Notez qu'ils l'ignorent; n'importe : ils la méprisent. Les croyants, ceux qui prient en s'agenouillant dans les églises, leur font l'effet d'hommes préhistoriques. Ils ne les comprennent pas et déclarent hautement qu'ils sont bêtes ! Eux, à la bonne heure : ils ne croient à rien et vivent en conséquence : ils sont du siècle de la Science et du Progrès !

Telle est la mentalité orgueilleuse et stupide

1. Ch. Bota, *loc. cit.*

du plus grand nombre des jeunes Français à l'heure actuelle.

Où peut bien conduire une pareille mentalité ?

IV

CE QUE DEVIENT
LA JEUNESSE FRANÇAISE

Ce que devient la jeunesse française

Que peuvent devenir, je le demande, nos enfants et nos jeunes gens ainsi laissés à eux-mêmes, élevés, comme nous venons de le voir, par la famille indifférente et par l'État sectaire ? Tout le monde le sait, car tout le monde le voit : ils deviennent la proie de tous les vices, sans même en excepter les pires.

Quand vient pour l'enfant, garçon ou fille, la crise de la puberté, le pauvre être fragile qu'il est par nature, affaibli encore par la double influence de la famille et de l'école d'État, se trouve complètement désarmé. Les générations d'avant la déchristianisation avaient une règle, ou pour le moins, le souvenir d'une règle pour les retenir. Celles-ci n'ont plus ni règle ni souvenir d'une règle. Aucune crainte, aucun respect, aucune soumission d'aucune sorte à quelque loi morale que ce soit. L'instruction obligatoire et l'aveugle adoration de la science prêchée par deux cent mille primaires, ont créé dans les esprits un état de demi-lumière qui, en exaltant l'orgueil d'une ignorance qui se croit savante, a détruit les derniers restes de l'autorité.

Aussi dans cette enfance, pétrie par les grosses mains du laïcisme athée, voit-on disparaître toutes les vertus qui firent longtemps le charme du jeune âge : respect et amour des parents, obéissance et politesse, modestie et décence. A la place, vous le constaterez aussi bien à la campagne qu'à la ville, fleurissent tous les défauts : l'indiscipline, la moquerie, les allures et manières polissonnes, les paroles obscènes, les attitudes de provoquant défi, et déjà la révolte et la haine. Un sénateur répétait naguère les paroles qu'il avait trouvées sur les lèvres de tous les paysans de sa circonscription : « Nous ne pouvons plus *tenir* nos enfants. » On peut affirmer qu'il n'existe pas un village en France où les parents ne disent la même chose avec le même accent déçu et désespéré.

Politiquement notre jeunesse est aveuglément et ardemment républicaine, incline vers le Socialisme et n'est pas éloignée de l'anarchie. Elle est républicaine, parce qu'on lui a prêché à l'école la religion de la République, qu'elle prête à ce mot une sorte de magie et qu'elle n'a jamais connu aucun autre régime : elle est socialiste parce qu'elle a sucé l'envie avec le lait et qu'elle l'a dans le sang, peut-être aussi parce que l'épithète sonne bien et qu'il est de mode de s'en affubler ; elle se rapproche de l'anarchisme, parce qu'elle n'a plus aucune idée de l'autorité et que, malgré sa superstition républicaine, elle n'éprouve aucun respect pour l'État ni ne reconnaît aucune obligation d'obéissance vis-à-vis de ses représentants.

Quel mal, direz-vous, à ce qu'elle embrasse et professe les opinions de son temps ?

Il n'y en aurait aucun si ces opinions n'étaient déterminantes d'un certain état d'âme plutôt pernicieux. Or, ces opinions puisées aux écoles laïques produisent effectivement un tel état d'âme. Par principe, notre jeunesse n'admet aucune limite à sa liberté : rien n'est défendu pour personne, donc tout est permis à tout le monde.

Dès lors, de même que l'enfance déchristianisée a perdu ses vertus charmantes, la jeunesse athée a perdu tous les freins qui la maintenaient dans l'honneur et l'honnêteté. Comme c'est le plaisir qui tout d'abord l'attire, elle est d'abord débauchée. Il suffit, pour constater cette terrible tare, d'entendre les conversations des potaches en chemin de fer : ils ont des mots et ils racontent des histoires à faire rougir des dragons ! Peut-être ne s'en permettent-ils pas tant qu'ils en disent, mais croyez qu'ils s'en permettent autant qu'ils peuvent !

Sans doute, la jeunesse aime les plaisirs, et jamais elle ne fut ni bien difficile ni bien délicate sur le choix qu'elle en pouvait faire. Elle aime la gaîté bruyante et débridée, et, pour être complètement heureuse, il lui faut, pour s'y rouler, un peu de fange comme aux marcassins.

Louis Veuillot, vers le milieu du dernier siècle, revient de son journal au milieu de la nuit. « Tout à coup, la rue est remplie de cris, de chansons, de hurlements. Une bande d'étudiants sortait du bal avec des filles, et s'en retournait au pays latin. Ils n'étaient pas ivres, mais jamais la dernière populace des faubourgs, dans la fièvre du vin bleu, n'a troublé les airs de plus abjectes vociférations. Les filles y mêlaient leurs voix glapissantes, et ces bestialités soulevaient des rires immondes [1]. » Je le répète donc : toujours la jeunesse aima les plaisirs, et montra un penchant marqué pour les moins propres. Mais jamais elle ne parut plus grossière et dissolue. Il semble que de jour en jour et toujours plus sa gracieuse figure se déforme et se bestialise.

Allez par les grandes villes : vous rencontrerez à chaque pas des jeunes gens qui, dans leur teint, dans leur allure, dans leurs vêtements, suent la paresse et le vice et respirent dans tout leur être une expression à la fois candide et terrifiante.

Dans nos villages eux-mêmes, vous verrez

1. Louis Veuillot, *Les Libres-Penseurs*.

des gamins de seize à dix-huit ans affecter le langage, le débraillé des apaches citadins. Ils crânent, ils défient, ils insultent. La langue verte prend sur leurs lèvres maladroites un accent encore plus immonde ; leur geste, une vulgarité plus écœurante. Le dimanche, quand ils « gueulent » à la porte des cabarets, ou qu'ils se traînent dans les rues en bandes avinées, on dirait une irruption de jeunes brutes, à la fois lubriques et féroces. Ecoutez leurs paroles : elles sont ignobles ; écoutez leurs chansons : elles sont obscènes ; voyez leur maintien ou leurs gestes : ils sont répugnants.

Quels qu'aient été, dans le passé, les déchaînements de la jeune bête humaine, jamais ils n'ont approché, ce nous semble, de ceux qu'elle se permet de nos jours.

La pauvre jeunesse va prostituer ses forces neuves dans de basses orgies et chercher dans de viles satisfactions l'illusion de la vie et de la joie. S'il faut en croire les médecins, le nombre des jeunes fous qui en gardent dans leur chair les honteux et dangereux stigmates est à peine calculable[1].

Ensuite, comme tout plaisir se paie, notre jeunesse est avide d'argent, et comme enfin les moyens honnêtes de s'en procurer sont assez rares et demandent souvent un travail âpre et soutenu, elle s'en procure par les moyens les plus rapides et plus faciles : l'escroquerie, le vol, le crime.

On voit par quel mécanisme s'engendre et se multiplie la partie pourrie des générations actuelles, l'armée de plus en plus active et redoutable des voyous, des apaches et des bandits.

Moralement, voilà ce qu'est notre jeunesse. Tout entière ? Non, grâce à Dieu ! Il existe des natures exceptionnelles qui gardent leur recti-

1. Lire, sur ce sujet, un curieux *Billet de Junius*, dans l'*Écho de Paris* du 19 juillet 1910.

tude et leur pureté, et il reste encore des influences bienfaisantes pour contrebalancer l'influence de l'État. Mais, on peut le dire, dans une proportion trop grande, la jeunesse d'aujourd'hui glisse au vice par sa pente naturelle, comme l'eau glisse à la mer[1].

1. Voici un court extrait d'une statistique émanant du ministère de la justice qu'il est opportun de rappeler :

« Sur cent enfants d'une maison de correction, il « y en a quatre-vingt-dix-huit élevés sans principes « religieux et *deux* dans les principes chrétiens.

« Sur cent enfants condamnés en correctionnelle, « il y en a quatre-vingt-neuf élevés sans religion, et « *onze* élevés chrétiennement. »

Et c'est en présence de ces résultats, qui devraient éclairer les plus aveugles, que l'on ferme les écoles catholiques.

V. le n° 46 de notre collection : Les Crimes, l'*Homicide.* — Au surplus, la Préfecture de police déclare à Paris une augmentation de 52 % dans le nombre des souteneurs, et le Ministère de la Guerre nous donne la preuve que le nombre des jeunes gens *usés* s'est élevé, *en quatre années*, de 1.600 à 4.800, sans compter celui des jeunes *criminels*, qui est monté

Au surplus, elle se plaît à faire montre de sentiments impies. L'indifférence, l'incrédulité, fi donc ! C'est encore du cléricalisme. Elle éprouve un besoin de mépris et de haine ; elle méprise et elle hait avec une vigueur de fanatisme qui n'a d'égale que son ignorance. Elle crible à coups de pierres les Christ dressés au bord des

---

de 4.000 à 11.304, et celui des *insoumis* qui passe de 3.000 à 18.000.

Ces horribles résultats viennent-ils de la loi scolaire ? Oui, certainement. La *Revue de l'Enseignement primaire*, qui occupe une si grande place dans le personnel enseignant, eut longtemps pour directeur M. Hervé, l'homme au drapeau dans le fumier; les cinq autres *Revues* s'en inspirent, et jamais aucune d'elles n'a désavoué M. Hervé, qui d'ailleurs est maintenant remplacé par M. Jaurès.

Elles sont toutes aux mieux avec M. Robin qui touche 6.000 francs an, pour répandre les doctrines malthusiennes.

On sait aussi leurs relations avec M. Defrenne qui se moque tant de la morale, de l'honnêteté, et déclare que l'honnête homme doit être relégué dans un musée avec les boudhas contemplant leur nombril.

V. *Le Patriote Orléanais*, 24 sept. 1910.

routes par la piété antique; elle renverse les croix ou les brise ; elle pénètre subrepticement dans les chapelles de collèges, parodie les cérémonies liturgiques, monte dans la chaire, y chante des couplets pornographiques et y prononce des discours obscènes, découvre, après l'avoir cherché, le calice d'or ou d'argent et crache dedans, avec méthode et sérieux, comme on accomplit un rite[1] !

Telles sont les générations nouvelles élevées par l'État selon les doctrines actuelles de l'État. Ces nourrissons de l'école laïque, conquête sacrée que les républicains doivent défendre, sont en toute vérité, comme on le voit, des enfants prodiges, des jeunes gens admirables dont la République a lieu d'être fière ! Emancipés ou libérés, ils le sont, c'est incontestable, mais en même temps qu'ils sont émancipés ou

1. V. *l'Écho de Paris*, juillet 1910, l'article de Franc-Nohain, *Nos bons petits collégiens*.

libérés de la religion, traitée par leurs maîtres de superstition ridicule ou surannée, ils le sont aussi des plus élémentaires vertus.

Pauvres jeunes âmes désemparées, depeuplées et fanatisées, elles sont les victimes du monstre, blâmables jusqu'à un certain point, mais encore plus à plaindre. Le grand coupable, c'est l'État, qui s'obstine à les pervertir et qui ne voit pas l'avenir sinistre qu'il prépare à la patrie française.

---

1. Le 6 août 1910, le Congrès d'Hygiène scolaire a demandé, par un vœu digne de notre attention, les trois choses suivantes :

L'Education sexuelle

1° Qu'un enseignement sexuel préparatoire soit donné aux enfants dans l'enseignement de l'histoire naturelle et que des renseignements *complets* soient donnés aux adolescents ;

2° Que les candidats aux fonctions de l'enseignement soient instruits, par les médecins scolaires et par les professeurs de pédagogie, sur *tous* les détails de la question sexuelle ;

3° Que les instructions nécessaires aux parents leur

Sollicités au mal, invités au crime, nos jeunes gens d'aujourd'hui entendent sûrement au

---

soient données, par les instituteurs bien inntruits ou par les médecins scolaires, dans des conférences pédagogiques.

C'est la *Lanterne* qui a donné de ce vœu le commentaire convenable, dans les termes suivants :

« Longtemps, il fut de mode d'enseigner aux enfants qu'ils étaient nés « sous une feuille de chou ». C'était un de ces pieux mensonges que conseillait l'Église pudibonde et que propageaient volontiers les nourrices.

« Mais voici que le bon sens prévaut contre les complaintes des bonnes d'enfants; au congrès d'hygiène scolaire qui se tient actuellement à Paris, on a résolument abordé la délicate question de l'éducation sexuelle de l'enfant. La fausse pudeur des calotins ne manquera pas de s'alarmer, mais j'ai confiance, malgré tout, dans le succès d'une excellente idée.

« Le savant gynécologue docteur Doléris, dans un rapport fort remarquable, indique à la mère de famille des devoirs nouveaux qui, jusqu'à ce jour, ont été trop négligés par des parents servilement respectueux des fâcheuses traditions.

« Il ne faut pas se dissimuler que la fausse pudeur est d'invention toute chrétienne, c'est l'Église qui a condamné la nudité jusque dans les statues; c'est dedans les avertissements de leur conscience. Mais sur quoi s'appuyer pour repousser victo-

---

elle qui a inspiré à des générations d'hommes le dégoût de leur corps, sans reculer même devant des prescriptions de saleté.

« Nous sommes heureusement en train de réagir contre l'imbécillité millénaire des prêtres dont l'imagination salace voyait partout le péché. Le docteur Doléris oppose la définition de la science à celle du catéchisme. A la question : *Qui vous a créés et mis au monde ?* le saint livre répond : *Dieu.* Le gynécologue proteste et il répond audacieusement :

« C'est votre mère. Avec votre père, elle est l'auteur « de votre vie, comme le jeune animal est le fils de « sa mère. »

Pour bien comprendre toute la portée de cette direction morale, il faut rappeler le mot d'ordre de la Franc-maçonnerie, dans cette circulaire de 1838 dont la vérité nous est attestée par MM. Crétinau-Joly, Claudio Janet, Mgr Deschamps et Mgr de Ségur, dont M. Crétinau-Joly affirme avoir vu l'autographe, signé de Nubius, et dont voici le passage principal :

« *Le meilleur poignard pour frapper l'Église au cœur, c'est la corruption. Popularisez donc le vice dans les multitudes ; qu'elles le respirent par les cinq sens, qu'elles le mangent, qu'elles le boivent, qu'elles en soient saturées. Faites des cœurs vicieux et vous n'aurez plus de catholiques.* »

rieusement les suggestions criminelles? Sur Dieu? ils l'ignorent; sur une morale quelconque? il n'en existe pas en dehors de la morale religieuse qu'on leur a appris à mépriser. Sur rien, et ils succombent faute de savoir à quoi et au nom de quoi ils ont le devoir de résister.

Aussi bien, regardez autour de vous, et dites franchement ce que vous voyez :

— « Il n'y a plus de sécurité ni dans les villes ni dans les campagnes : comme au temps d'anarchie qui précéda la grande Révolution, comme au temps de la bande d'Orgères et du Rouge d'Anneau, il n'est pas de jours où l'on n'apprenne quelque forfait opéré par quelque sinistre bande, quelque crime odieux perpétré par quelque cambrioleur ou coupeur de bourses. »

C'est bien là, en effet, l'effrayant spectacle qui frappe tous les yeux.

Henri Joly, dont tout le monde connait la

compétence dans les questions relatives à la criminalité, écrivait, en décembre 1907 : « A l'heure présente, l'âge relativement le plus chargé en matière criminelle est l'âge de seize à vingt et un ans. Ce sont les jeunes qui fournissent le plus de recrues à l'armée du mal[1]. »

Or, dans cette armée chaque jour plus nombreuse de voleurs, d'assassins, de faussaires, de

1. Sur dix mille habitants du même âge, les Français de plus de vingt et un ans donnent 2,7 accusés et 16,3 prévenus ; les jeunes Français de seize à vingt et un ans en donnent respectivement 3,7 et 18,8. Il n'y a qu'un genre de délit où les hommes faits dépassent, — comme il est naturel, — le groupe des jeunes, c'est le délit d'escroquerie. Partout ailleurs, le compte de 1905 nous montre les jeunes (proportionnellement à leur nombre dans la population totale) fournissant plus de recrues à l'armée du mal : dans les affaires de mœurs, 1,9 contre 1,7, — dans les vols simples, 291 contre 113, — dans les vols qualifiés, 9,6 contre 2,3, — dans les incendies, 0,6 contre 0,4, — dans les abus de confiance, 16 contre 11, — dans les coups et blessures, 187 contre 114, — dans les homicides, 4 contre 2,2. » Henri Joly, *loc. cit.*

malandrins de toute sorte, quels personnages voit-on ? Parfois encore des hommes que le vice ou les revers de l'existence ont rejetés dans les derniers bas-fonds sociaux et qui se sont laissés aller à se faire du crime un gagne-pain ; mais l'élément qui domine, c'est l'élément jeune : ces adolescents imberbes ou à moustache naissante, pour lequels on a forgé l'appellation d'*apaches*. Vous rencontrez partout aujourd'hui ce type répugnant de la jeunesse déchristianisée, avec ses airs gouailleurs et farouches, ses yeux insolents, ses membres grêles et nerveux, ses vêtements débraillés, ses attitudes hostiles. Il ne travaille pas, et il dépense beaucoup. Si vous cherchez où il a trouvé l'argent qu'il jette à pleines mains, la justice vous le dira : il a fabriqué de la fausse monnaie, il a, aidé de quelques camarades de son espèce, dévalisé un hôtel, un château, ou une église, perçu son droit sur l'entôlage ou la prostitution ; endormi au chloroforme un voyageur dans un train, volé le dit voyageur, puis jeté le même dit voyageur par la portière ; plus simplement, il a assassiné une vieille femme ou un bourgeois !

Que l'on ne croie pas cependant que l'Apache ait le monopole du crime. Beaucoup de jeunes qu'on ne saurait ainsi dénommer, pour être moins habituellement plongés dans le crime n'en sont pas moins des criminels. Toutes les classes de la société fournissent leur contingent et les plus hautes elles-mêmes. Rien d'étonnant, puisque la jeunesse aisée ou riche subit, dans les lycées et collèges où elle grandit, la même influence déprimante [1].

Voilà où nous a conduits le laïcisme athée ; voilà ce que l'école moderne, serve des sectes, a fait de l'enfance et de la jeunesse, fleur, espoir et avenir de la patrie.

1. V., même collection que le présent ouvrage : *la Faillite de l'honnêteté publique.*

Involontairement, on se rappelle le sonnet connu de Henri Chantavoine. Des générations de *Jean Hiroux* naissent, grandissent, se poussent, prennent toute la place dans une société devenue anarchique :

Le front bas, l'œil éteint et le geste hideux,
Cicerone interlope à la porte des gares,
Ramasseur breveté de vieux bouts de cigares,
Il fait tous les métiers louches et hasardeux.

Aigri par la misère et rongé par la haine,
Il va, rôdeur sinistre et ténébreux, glissant
Aujourd'hui dans la boue et demain dans le sang,
Epouvante et rebut de la famille humaine.

Refusant du travail et demandant du pain,
Comme un loup en maraude il poursuit son che-
[min,
Prêt à mordre et montrant sa mâchoires hardies;

Et quand l'émeute gronde au sein des carrefours,
On entend sa voix rauque et l'on revoit toujours
Son œil rouge, embrasé de lueurs d'incendie[1].

Un brave homme me disait naguère : « Ils

1. H. Chantavoine, *Satires contemporains*.

prétendent élever les enfants sans religion, c'est fou. » Ce brave homme, grand psychologue sans qu'il s'en doutât, disait vrai. Ce n'est pas trop de tous les freins moraux pour mettre dans le bon chemin ces jeunes natures en qui s'accusent dès le premier âge les pires tendances, et, pour les redresser, la morale indépendante ne peut que demeurer un moyen stérile et malfaisant[1].

De cette cruelle vérité la démonstration est faite.

1. Disons qu'avant la campagne scolaire inaugurée par l'admirable lettre collective des évêques de France, les plus hautes autorités pédagogiques ont signalé à maintes reprises l'immense déficit qui résulte dans notre budget moral de l'absence de l'idéal chrétien.

V

CONCLUSION

Conclusion

C'est une question de vie ou de mort pour la France : il faut revenir à l'antique façon d'élever l'enfance et la jeunesse. Les familles ne doivent plus être indifférentes à la formation des générations futures ; l'État serait à la fois fou et criminel de persister dans son funeste système de neutralité. Seul le christianisme est capable de faire l'éducation des jeunes âmes, de développer leurs ressources natives, d'élever leurs facultés, d'assurer leur triomphe sur les forces inférieures et anormales. Il n'y a pas d'éducation où il n'y a pas d'idéal, et il n'y a pas d'idéal, qui mérite ce nom, en dehors de l'Évangile.

Cette jeunesse criminelle, la bienfaisance privée et publique essaie de l'arracher à sa fange et à ses vices. « Depuis une vingtaine d'années, écrit M. Louis Delzons en 1907, la bienfaisance, toujours plus ingénieuse et plus avertie, s'est avisée qu'elle avait envers l'enfant, outre le devoir de le protéger contre l'abandon, celui de le secourir, lorsqu'il était devenu criminel. Jurisconsultes criminalistes, magistrats, avocats, hommes d'œuvres, tous se sont émus. Il va de soi que l'enfant criminel n'oblige pas la société comme l'adulte criminel à se défendre contre lui : il n'est pas question de lui faire expier, mais de le préserver, de le corriger, de le guérir. Pour ce résultat, une tâche considérable s'est découverte et qui passait en difficulté, comme elle valait en utilité sociale, tout ce qui a été fait par ailleurs pour le bien de l'enfant. Depuis les conditions de l'arrestation jusqu'aux mesures que doit prescrire le jugement, toutes les phases de la procédure ont été soigneusement étudiées. Dès sa comparution devant le juge instructeur, l'enfant trouve non pas seulement un avocat, mais un protecteur ; s'il va jusqu'à l'audience, il y est assisté de la même manière. Après le jugement, des sociétés privées s'occupent de le placer et veillent à son relèvement, ou bien l'Assistance publique le prend parmi ses pupilles. A aucun moment, il n'est le criminel qu'il importe de châtier. Tout ce que sa jeunesse représente d'espoir et de vie a passionné les hommes qui avaient une fois aperçu la nécessité de le sauver. Avec une merveilleuse promptitude, les comités de défense se sont partout organisés auprès des Cours et des tribunaux : ils groupent les hommes les plus divers, magistrats, fonctionnaires, avocats ; aidés de nombreuses sociétés de patronage, ils ont à peu près réussi déjà, suivant la forte expression d'un de leurs membres, à mettre l'enfant « hors du Code pénal[1] ».

Tout cela est parfait, inspiré par un beau sentiment d'humanité, mais tout cela, généreux efforts, argent dépensé, est stérile ou presque, car si l'enfant ou le jeune homme criminel est, par tous ces moyens, « mis hors du Code », il n'est pas mis hors du crime, et c'est là le but qu'il faudrait atteindre.

Et pourquoi ne l'atteint-on pas, ce but, visé pourtant avec tant de persévérance et d'énergie ?

Par la même raison qui fait que le crime se développe dans l'enfance et la jeunesse contemporaine : pas plus pour *relever* le jeune criminel que pour l'*élever*, on ne veut de la Religion.

L'Évangile supprimé, le scepticisme des idées engendre le scepticisme de la vie ; le frein inté-

1. Louis Delzons, *L'enfant et la famille*, *R. D. D. M.*, 1er septembre 1907.

rieur est brisé ou absent, et rien n'arrête plus les entraînements de l'égoïsme, de la sensualité et de la haine. Avec l'Évangile, au contraire, avec les vieux enseignements du *Sermon sur la Montagne*, la foi créatrice cuirasse les jeunes âmes d'énergies supérieures et les élève au-dessus des conditions ordinaires de la nature. Et voici le *surhomme* dont parlèrent follement Nietzsche et Emerson, — non le monstre qui se hausse par la tyrannie sur le tas mouvant des vagues humanités, mais celui qui dépasse les autres, parce qu'il a dompté ses égoïstes désirs.

« Dans une bonne république, — disait un jour le poète anticlérical, Josué Carducci, aux citoyens de la République de Saint-Marin, — il est permis de n'avoir pas honte de Dieu. » Il faut croire que la République française n'est pas une bonne république, car il n'y est pas permis de croire en Dieu ni surtout de le confesser publiquement. Elle a forcé les hommes faits à renier leur foi et à rougir de Dieu ; forfait plus grand : elle a déformé le cerveau de la majorité des enfants de France en les forçant à vivre contre la nature qui exige que les principes religieux fassent partie de l'éducation. Les plus aveugles peuvent le voir aujourd'hui grâce aux statistiques officielles : l'école athée est l'école même du vice et souvent celle du crime.

Il est du devoir des catholiques et des patriotes, des honnêtes gens et des hommes de bon sens, d'arrêter cette marche de la jenne France vers la barbarie, car voici que déjà nous en touchons les frontières.

Puisque nous voyons tous que l'on fait fausse route, rebroussons chemin, rien n'est plus simple. Faisons sentir aux familles que la question de l'enfance et de la jeunesse catholique n'est pas uniquement une question de cléricalisme, mais très véritablement une question de vie individuelle, sociale et nationale. Forçons les politiciens égarés par la Maçonnerie à revenir au bon sens. Par les politiciens fabriquants de lois, influençons l'instituteur qui sème à pleines mains l'ivraie et le mauvais grain dans les champs de France. Demandons enfin inlassablement la liberté de croire et le respect des croyances pour nos enfants comme pour nous.

Et espérons. — « Chacun le sait, disait naguère Maurice Barrès, et l'on y reviendra, car la vérité s'impose : il faut périr ou accepter les nécessités de la vie. Les Français, quelles que soient les opinions qu'ils professent, voudront que leurs fils soient autre chose que des apaches ou des désespérés, autre chose que des forcenés, et comme la chance d'être apache, désespéré, forcené, est plus grande chez les jeunes gens privés d'une éducation de l'âme, on se retournera vers celui qui peut la donner... »

NOTES

L'Encyclique « Editæ sæpe Dei » et l'école

Le Saint-Père, rappelant le zèle déployé par saint Charles Borromée pour l'instruction religieuse de la jeunesse, a pris texte de cet exemple pour mettre en relief le rôle capital de l'école chrétienne, rôle encore plus important de nos jours qu'à l'époque de la contre-réformation. A ce sujet, Pie X s'exprime avec l'accent d'une profonde douleur sur l'institution des écoles laïques dans lesquelles la religion et ses doctrines sont tournées en dérision et la foi systématiquement ruinée dans l'âme des enfants.

L'école a été de tout temps le point vif de la civilisation des peuples. Aux époques critiques de l'histoire où la lutte des idées a été la plus violente, c'est l'école qui a toujours été l'enjeu de la bataille la plus acharnée. Ç'a été le mérite de la contre-réformation et en particulier de l'Ordre des Jésuites d'avoir établi l'enseignement de la jeunesse sur le fondement de la doctrine chrétienne, tout en mettant à profit les trésors intellectuels accumulés par les générations précédentes.

Aujourd'hui comme aux jours de la Réformation et comme à la veille de la Révolution, d'innombrables théories surgissent dont chacune prétend nous donner l'école de l'avenir. Or, en nulle autre question plus que celle-là, il importe d'appliquer les saints principes et un rigoureuse logique. Toute demi-mesure, toute concession au sophisme engendre dans ce domaine des conséquences incalculables.

Dans l'ordre naturel des choses, l'éducation est l'affaire de la famille et l'école n'est que l'auxiliaire du foyer domestique ; mais en outre, dans l'ordre chrétien, l'école est, de droit divin, un domaine de l'Église.

Il semble superflu de démontrer que les parents ont un droit naturel et incontestable à l'égard de leurs enfants : celui de diriger leur éducation. La commune étant l'union coopérative des familles, dont elle est formée, le droit de la commune à l'endroit de l'école n'est donc que le sommaire des droits des pères de famille.

Le domaine de l'Église sur l'école, domaine

méconnu par le droit public moderne, découle de la mission que le Christ a confiée à l'Église d'instruire l'homme des vérités révélées et de l'acheminer, par les divers moyens dont elle dispose, vers ses destinées éternelles ; ce qui constitue, au titre le plus éminent, une mission d'éducation. Le rôle essentiel de l'Église est donc d'enseigner et d'éduquer la société humaine. Or, pour répondre à la nature de l'esprit humain, l'œuvre éducative suppose l'unité. Il n'est pas concevable que les connaissances nécessaires au salut et celles qui ont trait à la vocation terrestre de l'homme lui soient administrées dans deux esprits différents, les premières dans le sens chrétien et les secondes dans le sens irréligieux. L'indifférence absolue est une utopie. Si donc l'Église a pour tâche de diriger l'humanité vers ses destinées surnaturelles, il va de soi qu'elle a le droit de l'enseigner et de l'éduquer aussi en vue de sa vocation temporelle.

Le Monopole

On pouvait lire naguère dans le journal *le Temps* :

« L'établissement du monopole déterminerait une nouvelle surcharge vraiment écrasante, et devant laquelle les plus enragés ne manqueront pas d'hésiter, dès qu'ils auront pris connaissance des chiffres. La *Petite République*, journal peu suspect de cléricalisme, publie ces chiffres, qui valent mieux à eux seuls qu'une longue argumentation. Actuellement, il y a dans les écoles primaires et maternelles privées, tant garçons que filles, 1.122.375 élèves. Si l'on décrète le monopole, on ne peut laisser ces enfants dans la rue : il faut leur bâtir des écoles et leur donner des maîtres. En comptant 50 élèves par classe, effectif que les pédagogues et hygiénistes jugent déjà trop considérable, il faudrait créer 22.500 classes. Le coût moyen de création d'une classe, officiellement évalué à 12.800 francs, monte en réalité à 16.200 francs. Les frais de construction et de premier établissement iraient donc à 364 millions 1/2 de francs, dont 43 o/o incombeiaient à l'État et 57 o/o aux communes, mais qui, à un guichet ou à un autre, seraient entièrement soldés par les contribuables.

« En outre, le traitement moyen d'un instituteur ou d'une institutrice est de 1.577 fr. Les 22.500 emplois nouveaux à créer reviendraient donc annuellement à 35 millions 482.500 francs, part de l'État, plus 11 millions 1/2 qui seraient la part des communes, plus les indemnités de logement et autres, évalués à 515 francs annuels par tête d'instituteur ou d'institutrice. Et l'on ne parle pas des écoles primaires supérieures ni de l'augmentation d'effectif — et par conséquent de dépenses — qui s'imposeraient dans les écoles normales primaires.

Pour l'enseignement secondaire, en supposant qu'une partie notable de la population scolaire actuelle des établissements libres de garçons émigrerait dans les collèges congréganistes de Belgique ou d'Angleterre, on ne pourrait prévoir néanmoins pour les lycées et collèges de l'État une augmentation inférieure à 45.000 élèves, nécessitant la création de 33 nouveaux lycées ou collèges, qui coûteraient une cinquantaine de millions pour commencer, et ensuite environ 16 millions par an. Et il resterait à s'occuper de l'enseignement secondaire des filles. En résumé, le minimum des dépenses au lendemain de la promulgation du monopole serait de 375 millions pour l'enseignement primaire et de 65 pour l'enseignement secondaire. Total : 440 millions. Et le minimum du supplément de dépenses annuelles serait de 55 millions pour l'enseignement primaire et de 20 pour le secondaire. Total : 75 millions par an. Voilà qui, comme on dit, se passe de commentaires ! A la veille du renouvellement de la Chambre, quel cadeau à faire aux électeurs !

On sait qu'en 1870, le budget de l'instruction publique était de 38 millions ; en 1910, il est de 282 millions.

Neutralité

Sur cette question de la neutralité scolaire, on lira avec le plus grand point l'étude de J. Maxe : *Neutralité et Impartialité, le droit de l'État et le droit de l'enfant*. Cette étude a paru dans la *Croix*, en mars et avril 1910.

Leurs Méthodes d'enseignement et d'éducation

On n'a pas oublié le mot de M. Briand : « Vos écoles ne sont guère que des garderies[1]. » Mot injuste assurément ; mot cynique surtout : car enfin, si nos écoles n'étaient plus aujourd'hui que des garderies, à qui la faute, sinon à ceux qui, comme M. Briand et ses amis, ont travaillé de toutes leurs forces et par tous les moyens à détruire l'enseignement catholique ?

Reprocher à quelqu'un sa misère après l'avoir ruiné est d'une effronterie, on l'avouera, excessive ; et il y a là quelque chose à la fois de comique et de douloureux.

1. C'est la phrase vulgarisée par les journaux. Le texte officiel, qui en est d'ailleurs un équivalent, est le suivant : « Dans beaucoup de vos écoles on ne donne pas l'enseignement, on se borne à garder les enfants. »

M. Briand, si dédaigneux à l'égard de l'école libre, a-t-il oublié qu'il fut grand-maître de l'Université ? Son passage au ministère de l'Instruction publique aurait dû poutant le renseigner sur les vices de l'enseignement officiel et le rendre plus modeste en la circonstance.

Ces vices apparaissent aujourd'hui aux esprits les moins prévenus.

L'enseignement primaire, qui devait être l'honneur du régime, a, de l'avis des gens compétents, un caractère ridiculement encyclopédique ; en voulant que les élèves des écoles communales sachent un peu de tout, on est arrivé à ce résultat : c'est qu'ils ne savent rien du tout.

Les instituteurs eux-mêmes se plaignent d'être contraints par les programmes d'enseigner à de jeunes enfants des notions multiples et superficielles, des matières innombrables qui, mal assimilées, ne leur sont d'aucun profit intellectuel ou moral.

On trouverait dans les Revues scolaires plus d'une plainte à ce sujet. Les instituteurs, aveugles pour ce qui est de l'éducation, voient toutefois très clairement le vice d'un enseignement aussi vain qu'ambitieux, qui exige de leur part un travail écrasant, surtout lorsqu'ils ont affaire à des classes dont le nombre d'élèves oscille entre 50 et 80. Or, la statistique quinquennale de l'enseignement primaire nous révèle qu'il y a 5.131 écoles publiques qui se trouvent dans ce cas.

Quant au nombre des candidats reçus au certificat d'études primaires, il n'a aucune signification. Pour grossir ce chiffre, les jurys d'examen sont d'une indulgence excessive et la liste des tolérances décidées cette année par le comité des inspecteurs primaires de la Seine, en ce qui concernait la dictée, est très réjouissante à lire. On peut, par exemple, pour une demi-faute, se permettre d'écrire *clou* avec un *t*.

Dans les conditions actuelles, le certificat d'aptitude primaire n'est en somme qu'un brevet d'ignorance.

Je ne parle pas de l'éducation ; alors que partout ailleurs elle est religieuse et nationale, chez nous elle est vaguement humanitaire et niaisement pacifiste.

Il est vrai qu'on nous promet de la renforcer. Le dernier congrès international d'hygiène scolaire (on sait que l'hygiène doit remplacer la morale) s'est préoccupé principalement de l'éducation sexuelle et de la nécessité d'initier les écoliers aux « mystères de la génération humaine ».

Aux catéchismes périmés il est temps d'opposer le « catéchisme naturel » qui donnera aux garçons et aux fillettes des notions claires et précises sur les rapports des sexes.

L'enseignement secondaire donné par l'État est-il, au moins, pour sa part, à l'abri de tout reproche. Ce n'est pas l'avis de M. Monis, qui prononçait il y a quelque temps au Sénat un discours très remarquable sur cette question. Ce sénateur, non suspect de parti pris, y constatait que l'enseignement secondaire actuel a un grave défaut : « C'est qu'il n'apprend plus à parler et à écrire en français. »

ALBERT SUEUR.

(*L'Univers*, 12-13 sept. 1910.)

AUTEURS

CITÉS DANS L'OUVRAGE

TABLE ANALYTIQUE

TABLE

Ligugé (Vienne). — Imp. E. Aubin.

www.ingramcontent.com/pod-product-compliance
Ingram Content Group UK Ltd.
Pitfield, Milton Keynes, MK11 3LW, UK
UKHW021546260726
13993UKWH00002B/665

9 782019 9183